AF450598

ANDRÉ THEURIET

FLEURS DE CYCLAMENS

NOTE POUR LES BIBLIOPHILES

Les illustrations de cette plaquette [1] que nous présentons aux Bibliophiles, réalisent une innovation dans l'Estampe polychrome et sont obtenues par *trois* planches repérées, tirées exclusivement avec les trois couleurs primaires, sans aucune retouche, et sans « pose » dans le tirage des tons.

Debucourt, Janinet et leur école, ainsi que les graveurs contemporains qui ont tenté de faire revivre les procédés du xviiiᵉ siècle se sont contentés d'obtenir des estampes en noir relevées de teintes assourdies. Ces estampes, dont le noir forme l'armature linéaire et le modelé, gardent un aspect généralement lourd et monotone, que notre procédé absolument inédit nous permet d'éviter.

Malgré les grandes difficultés de la sélection des tons et du repérage que rencontre notre innovation, nous avons pensé qu'elle ouvrait la seule voie pratique pour répondre aux exigences de l'illustration moderne et dans laquelle l'Estampe en couleurs ne sera jamais dépassée par les procédés héliographiques.

En effet, la sélection photographique des couleurs n'est que théoriquement réalisable et l'Estampe en creux peut seule donner toute la variété de tons désirable. La superposition transparente ou couvrante et la juxtaposition par touches et par points des trois couleurs primaires, forment tous les tons par combinaisons, et le noir par superposition.

Ces illustrations sont présentées comme les premiers essais dans cette conception nouvelle de l'Estampe. Elles ont été exécutées par M. Ch. Coppier dans le but de rechercher la plus grande variété de tons et de donner dans neuf eaux-fortes polychromes autant d'aspects particuliers et divers, ainsi que l'illusion et la fraîcheur des aquarelles originales.

1. *Fleurs de Cyclamens*, par A. Theuriet.

FLEURS

DE

CYCLAMENS

TIRAGE UNIQUE

A CENT QUINZE EXEMPLAIRES NUMÉROTÉS

ANDRÉ THEURIET

Fleurs de Cyclamens

ILLUSTRATIONS DE CH. COPPIER

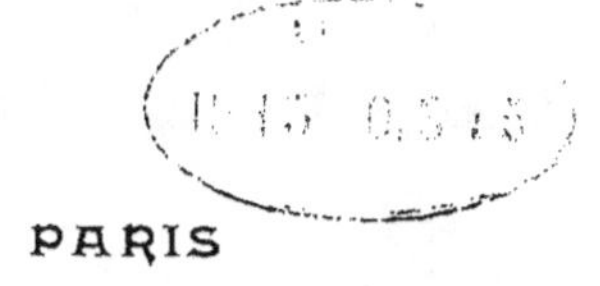

PARIS

IMPRIMÉ POUR A. GIRARD

1899

Au Lac
d'Annecy

Lac bleu, pour la première fois
Quand j'ai vu ta nappe d'eau pure
Sourire dans la découpure
Des vignes, des clos et des bois,
J'étais très pauvre, mais les gerbes
De mes espoirs grainaient encor,
Et mes vingt ans poussaient, superbes,
Comme en tes prés les boutons d'or.

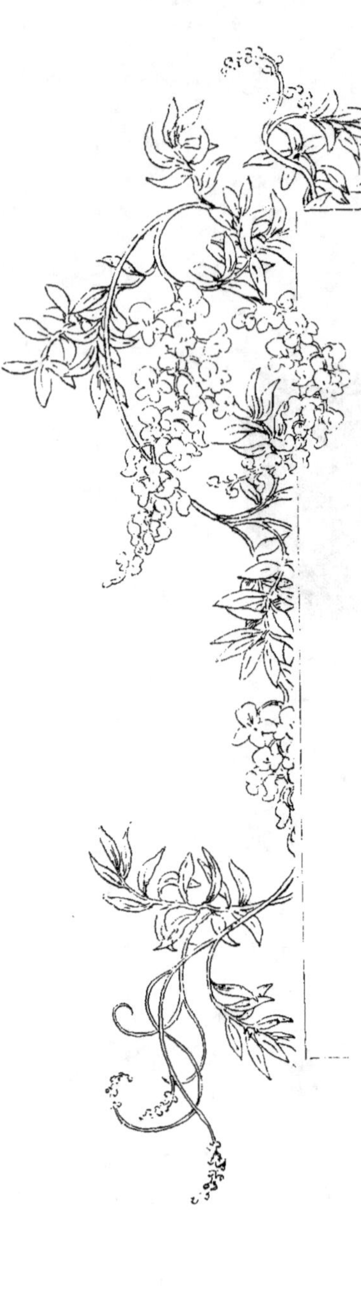

Les yeux brillants de convoitise,
J'errais. Je regardais d'en bas
S'ouvrir les balcons des villas
Dans la glycine et le cytise.
Des musiques avec langueur
Versaient dans l'air une tendresse
Qui gonflait de désirs mon cœur
Et faisait rêver ma jeunesse :

« Au soir, tout palpitant d'émoi,
Regagner la villa fermée
Où vous attend la bien-aimée ;
Posséder en seigneur et roi
Ces jardins fleuris d'azalées
Et l'Ève de ce paradis !... »
O lac. sous les vertes allées,
Voilà mes rêves de jadis...

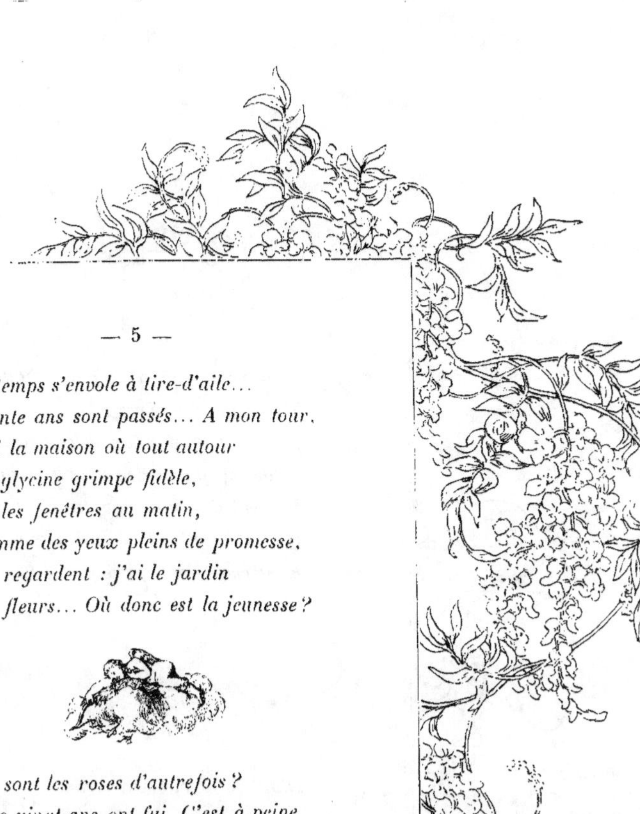

Le temps s'envole à tire-d'aile...
Trente ans sont passés... A mon tour,
J'ai la maison où tout autour
La glycine grimpe fidèle,
Où les fenêtres au matin,
Comme des yeux pleins de promesse,
Me regardent : j'ai le jardin
En fleurs... Où donc est la jeunesse ?

Où sont les roses d'autrefois ?
Mes vingt ans ont fui. C'est à peine
Si leur voix m'arrive, lointaine
Comme le cor au fond des bois,
Ou comme le chant monotone
De ces rameurs dont les bateaux
Là-bas, dans les brumes d'automne,
Plongent leurs voiles en ciseaux.

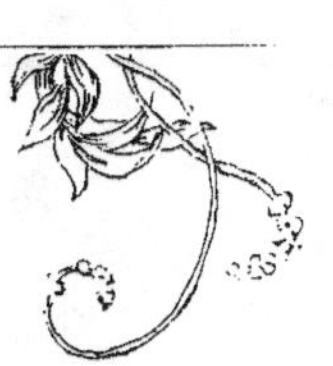

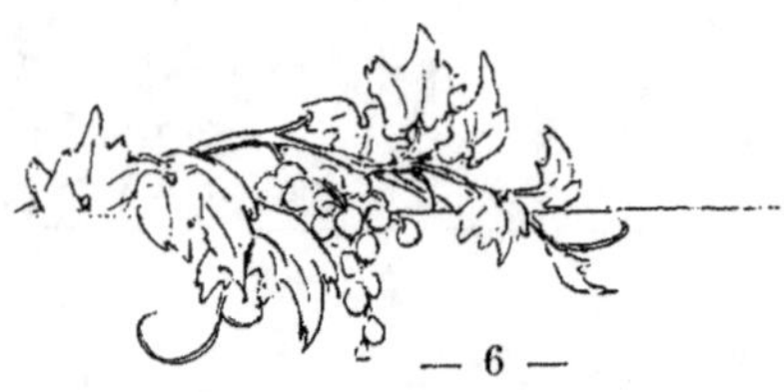

Mon printemps n'est plus ; mais qu'importe ?
Tes grands sourires azurés
Luisent toujours parmi les prés,
O lac, et quand devant ma porte
Passent de beaux couples joyeux,
Il semble qu'Autrefois renaisse,
Et je crois dans ces jeunes yeux
Voir un reflet de ma jeunesse.

D'autres alertes voyageurs
Foulent les menthes de la berge,
Et sous les treilles de l'auberge
S'attablent, charmés et songeurs ;
D'autres amoureux à la brune,
S'embarquent sur le lac dormant
Et croient voguer au clair de lune
Vers un pays d'enchantement.

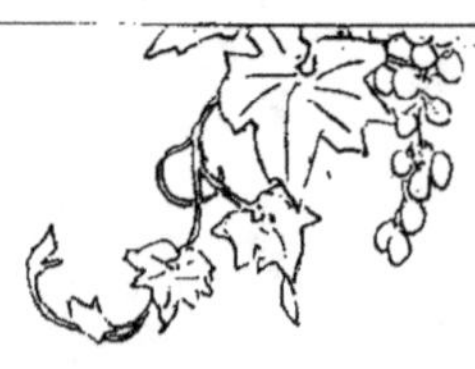

Tout en eux, extase ou folie,
A le parfum du renouveau.
Leur verdeur fait à mon cerveau
Monter une mélancolie
Clémente, sans regrets amers...
Nymphe aux pieds rapides, Déesse
Des espoirs généreux et fiers,
Salut, sois bénie, ô Jeunesse !

André Theuriet

FLEURS
DE
CYCLAMENS

CONNAISSEZ-VOUS Talloires?... Si votre bon génie vous a conduit à Annecy et si vous avez fait le tour du lac, vous aurez certainement remarqué l'heureux coin

vert et silencieux où ce village sommeille
au pied des montagnes. Le roc de *Chère,*
qui dresse jusqu'au milieu du lac son
promontoire brisé et crevassé, enferme
dans une encoignure et protège du vent
du nord les cinq ou six villas, les trente
maisons et l'ancienne abbaye transformée
en hôtel qui composent tout Talloires. Le
village s'éparpille parmi des vignobles en
pente et à l'abri des noyers. Derrière
s'élève une première croupe de montagne
couverte de hêtres et de chênes ; puis, au-
dessus d'un *replat* où ondulent des
champs de seigle et d'avoine, les pâtu-
rages et les forêts de sapins tapissent de
leur verdure sombre ou claire les arêtes
escarpées, au sommet desquelles le Lan-
font et la Tournette découpent sur le ciel

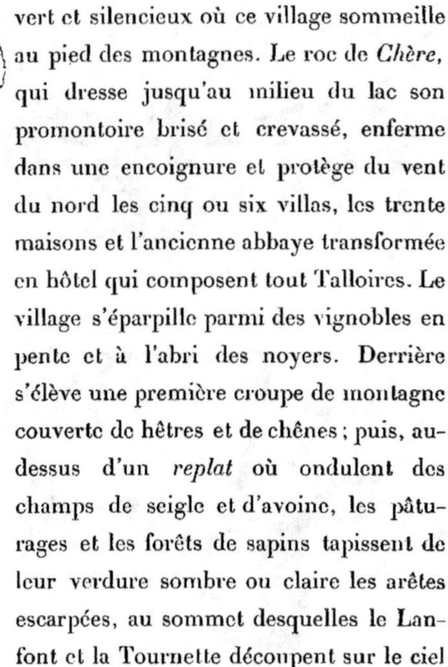

leurs dents et leurs pitons dorés de soleil.

Au bas, le lac étend son eau bleue et lisse où fuient quelques barques à voiles triangulaires. Dans ce miroir d'azur, les peupliers des berges, les pentes ardues et les cimes crénelées de la rive opposée se reflètent doucement. La lumière, tamisée par de beaux nuages, colore magistralement le cirque de montagnes qui enserre le *Bout du Lac*. Le vert foncé, le bleu sombre, le violet intense, le gris argenté s'y fondent par d'insensibles transitions avec le bleu turquoise de l'eau et le vert phosphorescent des vignes. Sur ce paysage à la fois grandiose et intime, plane une paix profonde, interrompue seulement par de claires sonneries de cloches villageoises, des gazouillements

d'oiseaux et le passage d'un char lentement traîné par des bœufs. — C'est là
qu'il faut venir savourer la joie des amours
heureuses, et c'est là encore qu'il faut se
réfugier si l'on a une grande douleur à
endormir. Les odeurs de menthe et
d'herbe fauchée qu'apporte le vent de la
montagne vous enveloppent d'une tendre
caresse, en même temps qu'elles apaisent
la tristesse des souvenirs amers et qu'elles
cicatrisent comme un baume les blessures
morales.

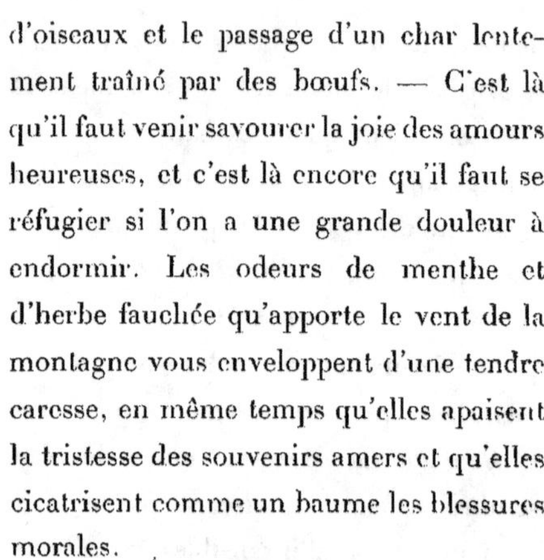

L'autre jour, j'ai rencontré sur le chemin de la Tournette trois touristes qui en

descendaient, l'*alpenstock* en main, le sac
au dos et le chapeau fleuri d'un bouquet
de cyclamens. Ils étaient lestes, fringants
et jeunes, le plus âgé ayant vingt-cinq ans
à peine. Je les ai regardés passer d'un œil
attendri, et, au spectacle de leur jeunesse
allègre, tous les souvenirs de la vingtième
année me sont remontés au cerveau. Je
me suis revu descendant gaiement le
même chemin, avec des fleurs au chapeau, en compagnie de deux joyeux ca-
marades, et, de même que les cimes
des montagnes se reflétant dans le lac,
le souvenir du temps jadis s'est étendu
devant mes yeux, comme un mirage,
avec ses formes précises, ses couleurs,
ses parfums et ses enthousiasmes d'autrefois.

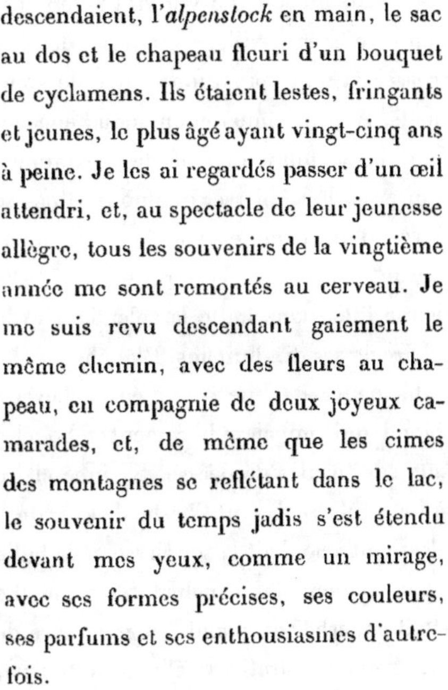

C'était un soir d'il y a vingt-cinq ans,
dans ce même village où nous devions
passer la nuit après une course de som-
mets. A peine nous étions-nous engagés
dans la magnifique avenue de marronniers
qui précède l'Abbaye, que nous vîmes se
lever d'un banc et marcher lentement
devant nous, sous la verdure, une belle
jeune fille, dans toute la splendeur et la
gloire de ses dix-huit ans. Blanche, admi-
rablement faite, elle avait d'épais cheveux
blonds qui tombaient librement en boucles
sur ses épaules de déesse. Sa jupe claire
à longs plis, balayant l'herbe de sa traîne,
dessinait à souhait la souplesse de la taille
et la rondeur des hanches. Sa démarche
était superbe, et quand, au murmure de
nos voix admiratives, elle se retourna,

nous vîmes un fin profil de patricienne
aux lèvres rouges et dédaigneuses, au nez
légèrement retroussé, aux yeux purs et
fiers.

Nous avions pris feu tous trois en même
temps, et, oublieux des fatigues de la
journée, nous la suivions à distance, le
long d'un sentier qui serpentait entre les
vignes. A un certain carrefour, elle poussa
une porte voilée de chèvrefeuilles et disparut... De retour à l'Abbaye et la tête
encore pleine de notre merveilleuse rencontre, nous questionnâmes les gens de
l'hôtel. — La jeune fille s'appelait la princesse V... Elle était Russe et habitait avec
sa famille une des villas situées au bord
du lac. — Russe, princesse et jolie, il y
avait de quoi faire flamber notre imagina-

tion et, pendant tout le dîner, nous ne
parlâmes que de sa beauté. Pourtant, au
dessert, la fatigue et le vin de Talloires
aidant, mes deux compagnons s'était sentis
peu à peu alourdis, leur verre avait tari et
ils montèrent se coucher. Quant à moi,
je n'avais nulle envie de dormir et je sortis
dans l'espoir de revoir encore l'aristocra-
tique et blanche apparition de l'après-
midi.

La soirée était exquise. Du côté d'Annecy, le soleil venait de disparaître dans
une gloire de nuées purpurines. Derrière
les escarpements de la Tournette, la pleine

lune se levait et effleurait les sombres
pentes veloutées de la montagne d'un pre-
mier rayon qui trouait comme une flèche
les brumes des ravins. De tous côtés, dans
la campagne assoupie, montaient des cris
de grillons, mêlés aux notes claires des
rainettes. A mes pieds, l'eau du lac encore
glacée de lilas foncé clapotait mollement.
Je suivais la marge d'un petit pré dont
l'eau rongeait les bords, et tout en che-
minant les yeux en l'air, je rêvais d'une
nouvelle rencontre possible avec la jeune
Russe; j'inventais de romanesques inci-
dents qui nous mettraient en communi-
cation; j'engageais une conversation ima-
ginaire où je disais des choses très
spirituelles et très éloquentes. Tandis que
je bâtissais mes châteaux en Espagne,

j'entendis sous la ramure d'un saule le
bruit métallique d'une chaîne de bateau
qu'on secoue, et tout à coup, à cinq pas,
je vis s'agiter une forme blanche... C'était
la princesse.

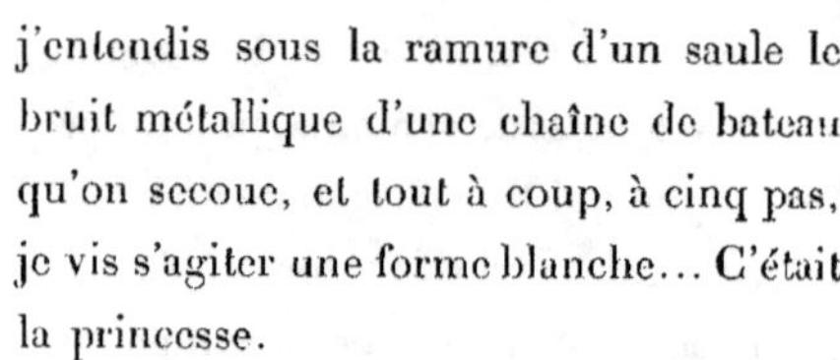

Elle essayait de dénouer la chaîne qui
amarrait le bateau à un pieu solidement
enfoncé dans la berge ; mais elle n'y pou-
vait parvenir. Ses petits doigts se meur-
trissaient en vain contre les chaînons
rouillés qui formaient le nœud. Elle frap-
pait du pied le sol du talus avec impa-
tience ; l'irritation allumait ses prunelles,
et ses lèvres d'enfant, plissées et bou-

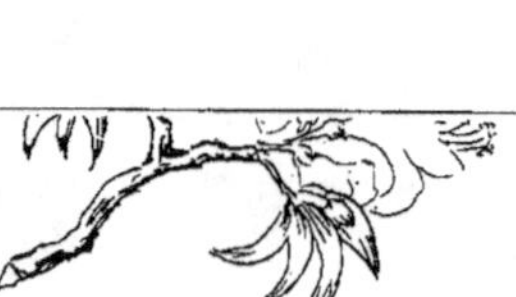

deuses, laissaient passer des exclamations dépitées.

— Dieu, que c'est agaçant! s'écria-t-elle.

— Permettez! dis-je en m'avançant brusquement. — Et, m'agenouillant, je dénouai l'amarre, non sans m'être notablement endommagé les ongles.

Elle avait déjà sauté dans le bateau et m'examinait de la tête aux pieds.

Je venais de passer huit jours dans la montagne, marchant par tous les temps, couchant sur le foin des châlets, et ma toilette était fort négligée : barbe trop longue et mal peignée, feutre recroquevillé, vêtements fripés, guêtres terreuses... Elle me prit évidemment pour le batelier.

— Merci, murmura-t-elle d'un ton

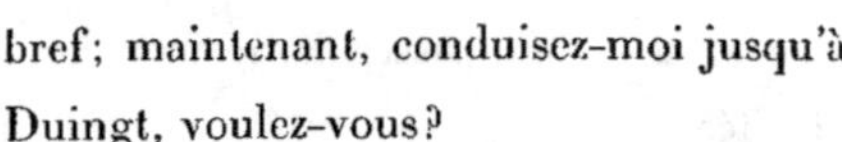

bref; maintenant, conduisez-moi jusqu'à
Duingt, voulez-vous?

— Avec le plus grand plaisir, répondis-
je, le cœur tout battant d'aise.

Je m'élançai à mon tour, et d'un coup
d'aviron poussant le bateau loin du bord,
je me mis à ramer, tandis qu'en face de
moi elle manœuvrait le gouvernail. La
lune, qui montait, me montrait maintenant plus distinctement sa jolie figure, à la
fois espiègle et hautaine, qu'encadraient
les cheveux blonds annelés et où luisaient
deux yeux noirs, encore assombris par
l'ombre portée des longs cils. A son corsage de soie écrue, un gros bouquet de
cyclamens épanouis envoyait jusque vers
moi sa pénétrante odeur, analogue à celle
du muguet...

— Je voulais faire cette promenade depuis longtemps, crut-elle me dire en manière d'explication, mais ma tante a horreur de l'eau et miss Gray est une poule mouillée ; je me suis donc décidée à sortir seule, et sans cette misérable chaîne, je serais déjà loin.

Elle parlait le français très purement, avec un léger accent exotique qui donnait à ses paroles une saveur plus piquante. Tout entier à mon admiration, je ne songeais pas à lui répondre et je me contentais de ramer vigoureusement, de sorte que nous atteignîmes assez vite le milieu du lac.

— Enfin vous êtes venu à propos, continua-t-elle, mais vous n'avez pas perdu votre temps et il est juste que je vous paie de votre peine...

Tout en causant, elle avait tiré de sa poche un mignon porte-monnaie dont je voyais reluire le chiffre d'argent, et elle allait y puiser lorsque je l'arrêtai du geste :

— Merci, Mademoiselle, je ne suis pas le batelier et je me trouve suffisamment payé par le plaisir de vous accompagner dans cette promenade nocturne.

Elle releva vivement la tête, son front pur se plissa et elle me toisa d'un air effarouché et irrité.

— Qui êtes-vous donc, alors ? demanda-t-elle avec hauteur.

— Je suis un simple touriste, fort heureux de m'être trouvé là par hasard pour vous rendre service.

Elle se rasséréna un peu et se décida à sourire.

— Ah!... reprit-elle, en ce cas, je vous dois des excuses pour mon indiscrétion... J'ai commis une étourderie que mon institutrice, miss Gray, qualifierait certainement d'*improper*... Si vous le voulez bien, nous retournerons à Talloires...

Elle imprima au gouvernail un mouvement qui fit virer le bateau, et je me remis à ramer, mais cette fois avec plus de lenteur. — La lune, qui montait toujours, jetait un long rayon sur toute la largeur du lac; les montagnes voilées d'une vapeur d'argent avaient un aspect féerique, et au loin, du côté de Doussard,

un feu de pâtre allumé sur une crête nous
envoyait sa rouge lueur.

— Avez-vous été au Mont-Blanc? me
demanda la jeune princesse, qui, rassurée
sans doute sur ma manière d'être, jugea
à propos de se montrer aimable et de
rompre le silence.

— J'en arrive... J'ai regagné le lac
d'Annecy par le col des Aravis, Thônes et
la Tournette.

— Connaissiez-vous déjà notre lac?..
N'est-ce pas, qu'il est adorable?

— Oui, surtout en ce moment.

— Il est beau à toute heure! répliqua-
t-elle avec impétuosité; il a des limpidités
et des transparences bleues qui invitent à
s'y plonger... Oh! l'eau... J'aime l'eau!
s'écria-t-elle en enfonçant avec délices l'un

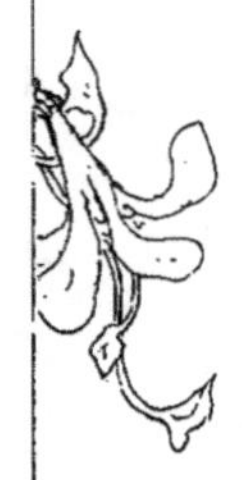

de ses bras dans le sillage argenté du bateau.

— Vous êtes peut-être une ondine?
repartis-je en la regardant avec émerveil-
lement.

— Je voudrais en être une! On dit
qu'il y en a ici, car vous savez que vous
êtes sur un lac à légendes?...

— Vraiment?

— Oui, les gens du pays prétendent qu'à
cette place où nous sommes, un village
entier a été englouti sous l'eau, parce que
les habitants avaient refusé de donner
l'hospitalité à une vieille mendiante qui
était fée. Pendant les nuits de pleine lune,
les coqs du village submergé chantent au
fond du lac, et les cloches tintent comme
pour la messe... Tenez, écoutez!... N'en-

tendez-vous pas comme un lointain caril-
lon de cloches?

Elle s'était penchée sur le bord du bateau et prêtait l'oreille, tout en riant et en
faisant ruisseler entre ses doigts des
gouttelettes qui scintillaient au clair de
lune.

— Entendez-vous? répéta-t-elle.

Je m'étais rapproché, nos deux têtes se
touchaient presque et j'écoutais docile-
ment. D'ailleurs, pour rester là, j'aurais
cru et affirmé tout ce qu'elle aurait voulu,
et de fait, il me semblait que j'entendais
une vague et délicieuse musique. Peut-
être étaient-ce tout bonnement les batte-
ments de mon cœur, car j'étais violem-
ment ému auprès de cette jolie princesse
à la taille souple, aux blonds cheveux et

aux yeux ensorcelants. En outre, l'odeur grisante des cyclamens me montait au cerveau.

— Chut! poursuivit-elle avec un air mystérieux, en mettant son doigt mouillé sur ses lèvres, voici la fée du lac qui nous appelle...

Dans le silence de la nuit, on entendait au loin les sons d'un cor, et, par un singulier effet d'acoustique, cette lointaine fanfare semblait monter du fond de l'eau.

— Eh bien! non, reprit-elle en éclatant de rire à la vue de ma figure ébaubie, de mes yeux écarquillés et de mes lèvres entr'ouvertes, je crois décidément que ce n'est qu'un vulgaire cor de chasse!

— C'est vous, m'exclamai-je avec une amoureuse exaltation, c'est vous qui êtes la fée et qui prêtez au lac tous vos enchantements!...

De nouveau elle éclata de rire, et, comme je m'étais remis à ramer, nous abordâmes bientôt près d'une vigne en pente. Par-delà les pampres frissonnants, une élégante villa découpait au clair de lune, sur la verdure, ses toits de tuile avec deux pavillons en retour, unis par une *loggia* à l'italienne où grimpaient des chèvrefeuilles.

Tout à coup une forme noire se penchant à la balustrade de la *loggia* interpella la jeune fille :

— Nâdia, Nâdia!... Voulez-vous bien rentrer. Vous allez attraper un rhume...

— C'est ma tante, murmura Nâdia, je ne sais si j'attraperai un rhume, mais pour sûr j'attraperai une semonce... Merci, Monsieur, et bonsoir... Chargez-vous d'amarrer le bateau... Puisque vous n'êtes pas le batelier, je ne puis vous payer le passage, et pourtant je voudrais bien acquitter ma dette...

Elle parut méditer un moment, puis, brusquement, elle détacha de son corsage le bouquet de cyclamens et, me le lançant :

— Adieu ! gardez ces fleurs en souvenir de la fée du lac...

Elle gravit la berge et disparut bientôt sous les platanes de la villa.

Le lendemain matin, mes compagnons et moi nous repartions par le bateau

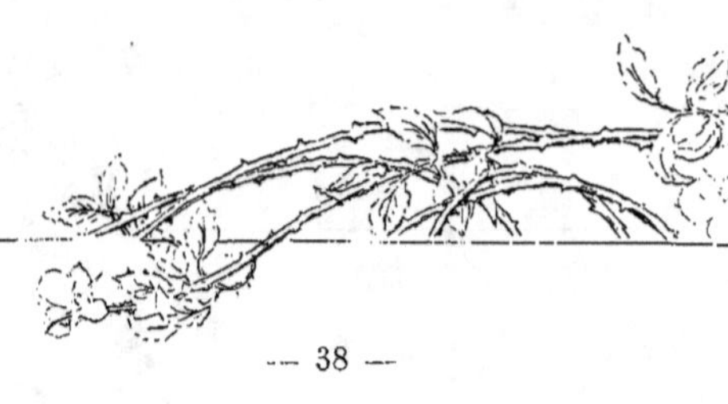

d'Annecy, et je n'ai plus revu la jolie princesse...

Et me revoici, après vingt-cinq ans, au bord de ce lac enchanté. La villa dresse toujours dans les vignes ses pavillons aux toits de tuile rouge et sa *loggia* couleur vert d'eau. Les cyclamens ouvrent toujours à la marge des bois de sapins leurs fleurs roses embaumées. De jeunes touristes, vaillants et allègres, descendent encore, la chanson aux lèvres, les pentes ravinées de la Tournette... Je suis retourné en bateau sur le lac, à l'endroit où a été submergé le village légendaire... Mais j'ai eu beau prêter l'oreille, je n'ai plus en-

tendu tinter les cloches ni vibrer la voix
de la fée... Je n'ai ouï sonner que ma
cinquantaine, tandis que les notes mélan-
coliques des rainettes semblaient mener
le deuil de ma jeunesse envolée et de mes
compagnons de voyage disparus.

ACHEVÉ D'IMPRIMER

Le 8 Mai 1899

PAR

CHAMEROT ET RENOUARD

19, rue des Saints-Pères, 19

PARIS

Les Eaux-fortes en couleurs ont été tirées par

WITTMANN